W0271220

TRIER IM BILD 1800–2000

Peter Seewaldt

TRIER IM BILD 1800 – 2000

RHEINISCHES
LANDESMUSEUM
TRIER

Schriftenreihe des Rheinischen Landesmuseums Trier · Nr. 38

Gedruckt mit freundlicher Unterstützung des
Fördererkreises des Rheinischen Landesmuseums Trier e. V.

Begleitband zur Sonderausstellung
10. September 2011 - 8. Januar 2012

Medienpartner
Trierischer Volksfreund

Text und Bildauswahl
Peter Seewaldt

Aktuelle Farbfotografien
Thomas Zühmer

Redaktion
Jürgen Merten

Satz und Layout
Franz-Josef Dewald

Umschlagabbildung / Frontispiz
Abb. 116 / Abb. 42

Alle Rechte vorbehalten
© Rheinisches Landesmuseum Trier 2011
ISBN 978-3-923319-80-0

Generaldirektion Kulturelles Erbe Rheinland-Pfalz
Rheinisches Landesmuseum Trier
Weimarer Allee 1 · D-54290 Trier
Telefon 0651/ 9774-0 · Fax -222
landesmuseum-trier@gdke.rlp.de
www.landesmuseum-trier.de
www.gdke-rlp.de

Offsetdruck
Bastian-Druck GmbH, 54343 Föhren

INHALT

VORWORT

Mit dem „Tag des Offenen Denkmals" lenkt die Deutsche Stiftung Denkmalschutz einmal im Jahr den Blick der Öffentlichkeit auf das vielfältige Erbe an Baudenkmälern. Dabei liegt der Focus gerade nicht auf den berühmten Bauwerken. Kleinere und weniger bekannte Häuser, Kirchen oder Klöster, aber auch Industrie- und Nutzbauten, oftmals in privater Hand, sind die eigentlichen „Stars" an diesem Tag. 2011 steht Trier mit der Eröffnungsveranstaltung im Mittelpunkt des bundesweiten Aktionstages. Dies ist für das Rheinische Landesmuseum Anlass zur Präsentation einer Ausstellung, die Themen zur städtebaulichen Entwicklung Triers in den vergangenen beiden Jahrhunderten primär mit Fotografien nachzeichnet. Historische Aufnahmen wurden dankenswerterweise vom Stadtarchiv Trier und der Städtischen Denkmalpflege zur Verfügung gestellt.

Zur Entstehungszeit der ältesten Bilder im ausgehenden 19. Jahrhundert trug das Rheinische Landesmuseum Trier bereits die Verantwortung für die Erforschung und Konservierung der archäologischen Funde wie auch für den Erhalt der römischen Baudenkmäler in der Stadt und der Region. Unter dem Dach der Generaldirektion Kulturelles Erbe besteht diese Aufgabe weiter und so ist das Museum auch der geeignete Ort für eine Ausstellung zu diesem Thema.

Mein Dank gilt den Kolleginnen und Kollegen aller Arbeitsbereiche des Museums, die in den vergangenen Monaten die Ausstellung geplant und realisiert haben. Dr. Peter Seewaldt entwickelte als Kurator in Zusammenarbeit mit der Projektgruppe unter der Leitung von Mechthild Neyses-Eiden das Konzept der Ausstellung. Archäologische Exponate und Pläne wählte Dr. Joachim Hupe aus. Der Museumsfotograf Thomas Zühmer hat über Wochen hinweg mit der Kamera neue Aufnahmen aus dem Blickwinkel der alten Ansichten angefertigt. Für die Gestaltung der Ausstellung und des Begleitbandes zeichnet Franz-Josef Dewald verantwortlich. Der Aufbau der Ausstellungsarchitektur lag in den Händen von Mario Adams, Paul Roth und dem Team des Hausdienstes. Die Recherchen der Mundarttexte für die begleitende Hörführung übernahm Dr. Frank Unruh. Das museumspädagogische Konzept und das Begleitprogramm entwickelte Anne Kurtze. Mein Dank schließt auch den Fördererkreis des Rheinischen Landesmuseums Trier ein, der die Druckkosten des Buches übernommen hat.

Wir hoffen, dass wir mit dieser Sonderausstellung die Trierer Bürgerschaft neugierig machen können – nicht nur auf das „neue" Landesmuseum, wie es sich seit wenigen Monaten in seiner Dauerausstellung präsentiert, sondern auch auf ihr eigenes kulturelles Erbe. Dieses kann nur erhalten werden, wenn es geschätzt wird und im Bewusstsein der Öffentlichkeit verankert bleibt. Dazu möchten wir mit der Ausstellung einen Beitrag leisten.

Dr. Eckart Köhne

EINFÜHRUNG

Die Ausstellung **Trier im Bild 1800 – 2000** zeigt den Prozess der Veränderung von Deutschlands ältester Stadt in den letzten zweihundert Jahren. Knapp kommentierte, exemplarisch ausgewählte historische Schwarz-Weiß-Fotografien werden kombiniert mit Farbaufnahmen des Museumsfotografen Thomas Zühmer von 2011. Die aktuellen Fotos wurden soweit möglich von denselben Standorten angefertigt wie die alten Aufnahmen, um dem Betrachter den Vergleich zwischen Gestern und Heute zu ermöglichen.

Die historischen Fotografien stammen überwiegend von dem Zeichenlehrer Wilhelm Deuser (1861-1953) und dem Journalisten und Schriftsteller Ferdinand Laven (1879-1947). Im Gegensatz zu den Arbeiten Lavens und sonstiger Urheber gehen die Aufnahmen Deusers auf die Initiative eines städtischen Gremiums zurück, das sich im Jahr 1900 konstituierte. Für die seit 1904 als „Kommission für Denkmalpflege“ tätige Vereinigung fotografierte Deuser systematisch die alten Häuser und Architekturdenkmäler Triers und schuf damit ein Bildarchiv, das mit den Aufnahmen der 1885 in Berlin gegründeten „Königlich Preußischen Messbildanstalt“ heute den bedeutendsten Fundus zum Trierer Stadtbild vor 1945 darstellt.

Die Bildrecherchen für die Ausstellung beschränkten sich aus Zeitgründen auf örtliche Archive und führten zu der Erkenntnis, dass die Aufbereitung und Erfassung des reichhaltigen regionalen und überregionalen Materials in einer Datenbank eine dringliche Aufgabe ist.

„Panorama von Trier und dessen Umgebungen", 1834
Nach K. Bodmer.

DIE STADT TRIER BIS ZUM BEGINN DES 19. JAHRHUNDERTS

Auf die zweitausendjährige Geschichte von Trier weisen die Ruinen antiker Großbauten der ehemals ca. 80 000 Einwohner zählenden Hauptstadt des Weströmischen Reiches. Im heutigen Stadtgrundriss zeichnet sich der annähernd tausendjährige Prozess der Erneuerung ab, der im Mittelalter auf einem Viertel des römischen Areals eine von ca. 10 000 Menschen bewohnte Stadt entstehen ließ. Sie behielt ungeachtet späterer Kriegsverluste und Baumaßnahmen ihr mittelalterliches Erscheinungsbild bis zum Ende des Heiligen Römischen Reiches Deutscher Nation am Beginn des 19. Jahrhunderts. Mit der französischen Herrschaft verlor Trier seine ranghohe, auf der Tradition als Bischofssitz seit frühchristlicher Zeit beruhende politische Bedeutung. Aus dem Zentrum eines geistlichen Kurfürstentums wurde die Hauptstadt des neuen Saardepartements und ein Militärstandort. An der wirtschaftlichen Rückständigkeit

Panorama von Trier, 2011

der Region und der daraus resultierenden Armut der Bevölkerung änderten die neuen bürgerlichen Rechte und die Gewerbefreiheit nichts Wesentliches. Auch nachdem das Rheinland 1815 zu einem Teil des Staates Preußen und Trier zur Hauptstadt eines Regierungsbezirks der Rheinprovinz geworden war, blieb diese weiterhin eine arme Landstadt mit Garnison. Karl Bodmers 1828 gezeichnetes *„Panorama von Trier und dessen Umgebungen"* überliefert das Bild der Stadt in den bis auf einige Klöster und Dorfsiedlungen noch unbebauten Moselauen als Idylle, die nichts von den prekären sozialen Verhältnissen der Zeit verrät.

DIE STADT BIS 1871

Nach der Mitte des 19. Jahrhunderts erreichte Trier die höchste Auswandererquote in der Rheinprovinz. 81 % der Einwohner zählten zur Unterschicht. Sie lebten bis zur Gründung des Deutschen Kaiserreiches 1871 in maroden, überwiegend mittelalterlichen Häusern. Diese waren oft überfüllt, weil im Zuge allgemeinen Wirtschaftswachstums die Bevölkerung sprunghaft angestiegen war. Zur Zeit der Reichsgründung litten 21 400 Zivil- und 2 600 Militärpersonen unter hygienischen Missständen, die 1830, 1849 und 1866 bereits zum Ausbruch der Cholera mit Hunderten von Todesopfern geführt hatten. Straßennetz und Stadtbild waren seit Jahrhunderten nahezu unverändert. Der Kurfürstliche Palast und das große Kloster St. Maximin nordöstlich im Vorfeld der Stadtbefestigung dienten als Kasernen der preußischen Garnison. Neue Gebäude im modernen, an der Antike orientierten Baustil des Klassizismus konnten sich nur die Regierung, höhere Staatsbeamte und einige wohlhabende Privatleute leisten.

Ideologie und Denkmalpflege

Am Beginn des 19. Jahrhunderts führte das Interesse an der Antike erstmals zu Maßnahmen staatlicher Denkmalpflege. 1804 befahl Kaiser Napoleon den Abbruch der Simeonskirche, um die Porta Nigra freizulegen. Der französische Kaiser sah das Römertor als Monument eines gallischen Reiches, das er wiedererstehen lassen wollte. 1844 ordnete König Friedrich Wilhelm IV. von Preußen den Wiederaufbau der spätantiken Palastaula Konstantins des Großen an. Damit präsentierte er sich als Nachfolger römischer Kaiser und als Stifter einer Kirche für die kleine evangelische Gemeinde in Trier. Gleichzeitig protestierten konservativ-katholische Bildungsbürger gegen den Abriss der Stadtmauern und -tore als Zeugnissen des christlichen Mittelalters. Das denkmalpflegerische Engagement war in allen Fällen ideologisch begründet und noch kein Ausdruck grundlegender Wertschätzung des architektonischen Erbes der Stadt, auch wenn druckgrafische Ansichten die historische Bausubstanz bereits als Sehenswürdigkeit präsentierten.

Der Fall der Mauern

Ungeachtet eines aufkeimenden denkmalpflegerischen Bewusstseins dienten Teile der mittelalterlichen Stadtbefestigung im 19. Jahrhundert noch als Steinbruch. Als die seit 1820 erhobene „Mahl- und Schlachtsteuer“ auf eingeführtes Mehl und Fleisch 1875 entfiel, wurden größere Abschnitte des Mauerringes und architektonisch wertvolle Stadttore abgebrochen. Die Beseitigung dieser „Verkehrshindernisse“ sollte die Ausdehnung der Stadt ermöglichen, die mit der Bebauung entlang der Ausfallstraßen und nahen Freiflächen in den 1850er Jahren bereits begonnen hatte.

Stadtplan von Trier, um 1840/50

Nach A. Berthold.

1 Steipenhof am Hauptmarkt, vor 1945

Foto Stadtbibliothek Trier, H. v. Pechmann / H. Schmalzigaug.

Die Steipe wird im Spätmittelalter als Festhaus des Trierer Rates gebaut. Die Ansicht des rückseitigen Hofes verdeutlicht die im 19. Jahrhundert noch in vielen Bereichen der Stadt herrschende Enge.

2 **Weberbach, um 1900**

Foto Stadtbibliothek Trier, W. Deuser.

An dem früher durch diese Straße verlaufenden Stadtbach siedeln seit dem Mittelalter Wollweber und Wollfärber, die zur Ausführung ihres Gewerbes fließendes Wasser benötigen. Ab 1820 wird der Bach in einen geschlossenen Kanal verlegt.

3 **Gotisches Haus in der Dietrichstraße, um 1900**

Foto Stadtbibliothek Trier, N. Gary.

Um 1850 zählt man in Trier 104 Fassaden gotischer Häuser. Ein großes gotisches Haus in der Dietrichstraße dient als Gefängnis und Stadtlazarett. Das Gebäude wird 1904 bei der Anlage des Paulusplatzes mit der neuromanischen Kirche St. Paulus an gleicher Stelle als Pfarrhaus unter Verwendung von originalen Architekturteilen in modifizierter Form neu errichtet **[vgl. Abb. 47]**.

4 Gehöft Flander-/Ecke Deworastraße, um 1900

Foto Städtisches Amt für Denkmalpflege Trier.

Gehöfte gehören seit dem Mittelalter zum Bestand der Stadt. Im 19. Jahrhundert werden sie oft gewerblich genutzt.

5 Häuser am Stockplatz, um 1900

Foto Stadtbibliothek Trier, W. Deuser.

Der Abbruch mittelalterlicher Häuser 1860 legt den Hinterhof des mittelalterlichen Häuserkomplexes „Zum Stock" frei. Damit entsteht der Stockplatz.

6 Ziehbrunnen, um 1905

Foto Städtisches Amt für Denkmalpflege Trier.

Die Beseitigung von Kloaken und eine neue Wasserversorgung verbessern bis 1909 die teilweise desolaten hygienischen Verhältnisse in der Stadt. In einem Haus am Pferdemarkt fördert man zuvor das Trinkwasser noch aus einem Ziehbrunnen.

7 Maximinstraße, um 1900

Foto Stadtbibliothek Trier, W. Deuser.

Der obere Teil der Maximinstraße führt zum Portal von St. Maximin. Der mächtige Klosterkomplex dient, wie der Kurfürstliche Palast, dem preußischen Militär als Kaserne.

8 Kurfürstlicher Palast, Ostpavillon des Südflügels, um 1900

Foto Stadtbibliothek Trier, W. Deuser.

Der Kurfürstliche Palast wird, wie das Kloster St. Maximin, als Kaserne genutzt. In den Fenstern posieren Soldaten.

9 „Irrenanstalt“ an der Burgmauerstraße, um 1900

Foto Stadtbibliothek Trier, W. Deuser.

Nach 1810 wird im säkularisierten Augustinerkloster ein Hospiz für verarmte Landbewohner eingerichtet. Das „Landarmenhaus“ nimmt seit 1815 auch psychisch Kranke auf. Von 1834 bis 1837 wird nach Plänen des Stadtbaumeisters Johann Georg Wolff ein eigenes Gebäude für die Betreuung der geistig behinderten Menschen errichtet, eine der besten architektonischen Leistungen des Klassizismus in Trier (1937 abgebrochen).

10 Haus Simeonstraße 54, um 1900

Foto Stadtbibliothek Trier, W. Deuser.

Der vermögende Rentner Anton Staadt gilt als Bauherr dieses wohl in den 1820er Jahren errichteten prächtigen Wohnhauses.

11 Haus Fleischstraße 12, um 1900

Foto Stadtbibliothek Trier, W. Deuser.

Der Arzt Prof. Lambert Bernhard Theys lässt 1828 ein elegantes Wohnhaus in der Fleischstraße errichten und mit einem Bildprogramm zur Heilkunde ausstatten.

12 Antoniusstraße, um 1900

Foto Städtisches Amt für Denkmalpflege Trier.

1834 ersteigert der Baumeister Peter Benz Grundstücke entlang der Antoniusstraße und bebaut sie bis 1838 mit gewinnbringenden Häusern.

13 Römische Palastaula als Evangelische Kirche zum Erlöser, um 1870

Foto Stadtbibliothek Trier, P. Krapp.

Auf Anordnung König Friedrich Wilhelms IV. von Preußen wird 1846/56 die Palasthalle des römischen Kaisers Konstantin „in ursprünglicher Größe und Stilreinheit“ wieder aufgebaut und als evangelische Kirche eingerichtet.

14 Stadtseite der Porta Nigra vor dem Abbruch der Simeonskirche, um 1814
Stich nach J. M. S. Bence, aus: A. de La Borde, Les Monuments de la France (Paris 1816).

Rheinisches Landesmuseum Trier, Inv. 1969,18.

15 Feldseite der Porta Nigra vor dem Abbruch der Simeonskirche, um 1814
Stich nach J. M. S. Bence, aus: A. de La Borde, Les Monuments de la France (Paris 1816).

Rheinisches Landesmuseum Trier, Inv. 1969,19.

16 Stadtansicht Trier mit Sehenswürdigkeiten, um 1850

Stich nach X. Becker.

Rheinisches Landesmuseum Trier, Plan R 49.

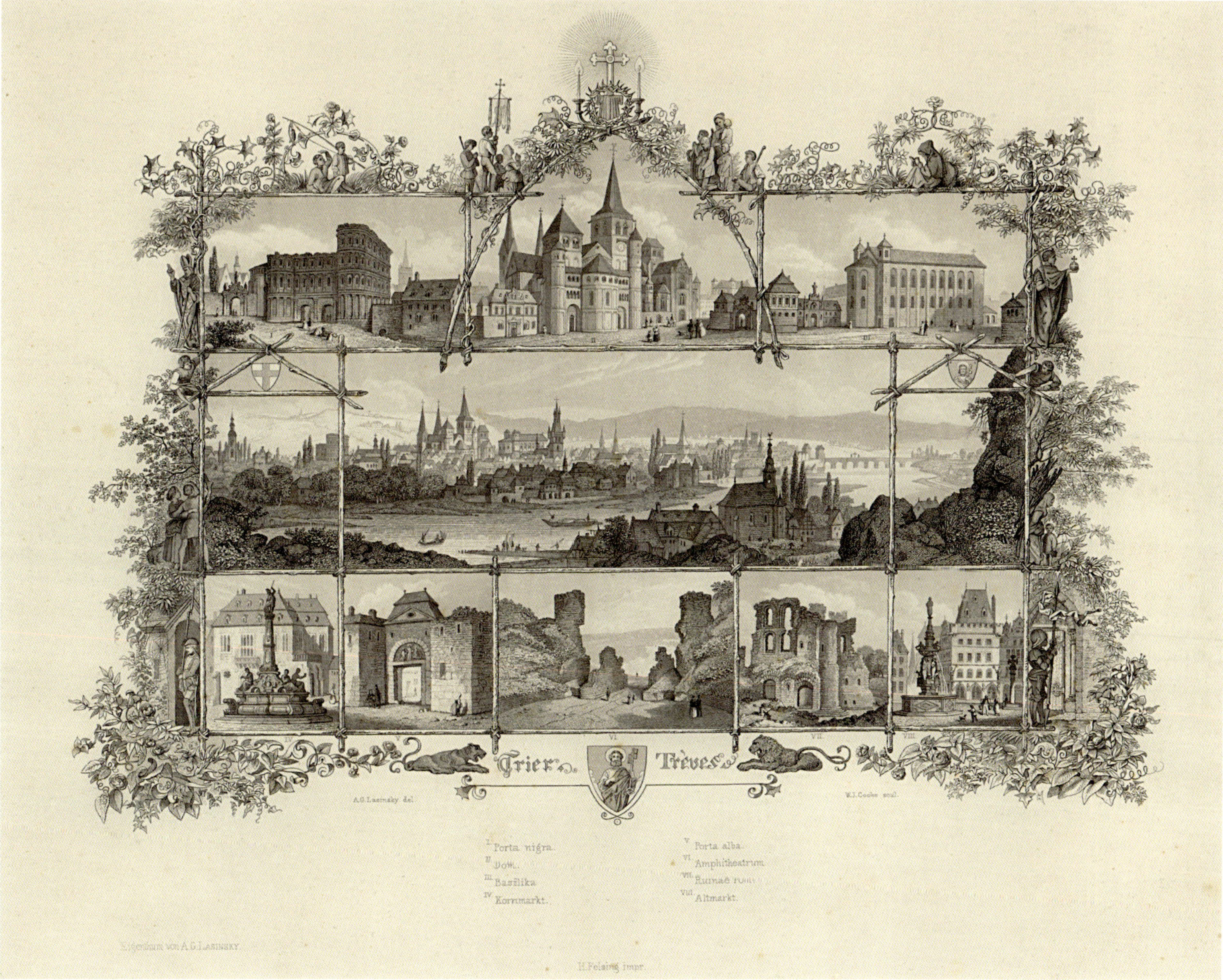

17 Stadtansicht Trier mit Sehenswürdigkeiten, um 1850

Stich nach A. G. Lasinsky.

Rheinisches Landesmuseum Trier, Plan K 50.

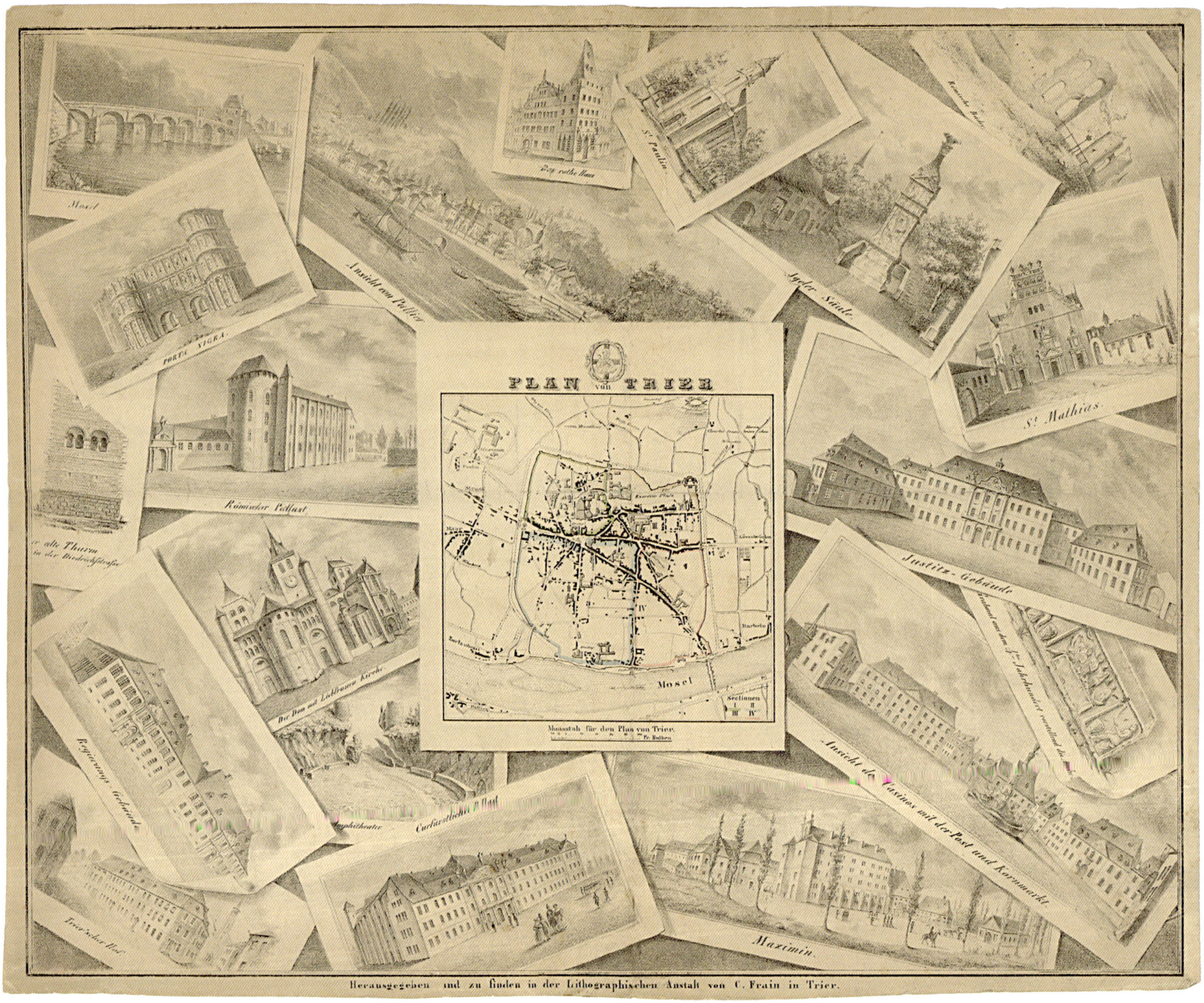

18 Stadtplan Trier mit Sehenswürdigkeiten, um 1850

Stich nach F. Buthen.

Rheinisches Landesmuseum Trier, Plan R 134.

19 Stadtansicht Trier mit Amphitheater, um 1850

Stich nach A. Bournye.

Rheinisches Landesmuseum Trier, Plan R 64.

20 Römerbrücke mit Brückentor, vor 1869

Foto Stadtbibliothek Trier.

Das barocke Stadttor am stadtseitigen Kopf der Römerbrücke wird 1868 entfernt, weil der Brückenverkehr seit Eröffnung des auf der gegenüberliegenden Moselseite errichteten ersten Trierer Bahnhofs erheblich zugenommen hat.

21 Simeonstor, Feldseite, vor 1875

Foto Stadtbibliothek Trier.

Der nördliche Abschnitt der mittelalterlichen Stadtbefestigung hat nur ein Tor neben dem Chor der in die Porta Nigra eingebauten Simeonskirche. Es wird 1746 im Auftrag des Kurfürsten Franz Georg von Schönborn durch einen Neubau nach Entwurf von Balthasar Neumann ersetzt. Das prächtige Bauwerk wird 1875 abgebrochen.

22 Neutor, Feldseite zur Saarstraße, um 1870

Foto Stadtbibliothek Trier, P. Krapp.

Mit dem südlichen Abschnitt der Stadtmauer wird um 1140 das Neutor gebaut. Es erhält 1748 einen Aufbau mit Wächterstube.

23 Neutor, Stadtseite zur Neustraße, vor 1877

Foto Stadtbibliothek Trier.

Beim Abbruch des Tores 1877 werden das große romanische Bildrelief aus dem äußeren Bogenfeld über der Durchfahrt und eine Bauinschrift des 18. Jahrhunderts von der Innenseite geborgen.

24 Neutor, Stadtseite, vor 1877
Foto Stadtbibliothek Trier.

25 Neutor von Westen, 1877
Foto Stadtbibliothek Trier.

26 Neutor von Osten, 1877

Foto Stadtbibliothek Trier.

DIE STADT WÄCHST ÜBER SICH HINAUS

Nach dem Fall des Mauergürtels veränderte sich Trier schnell und grundlegend. Der durch die Industrialisierung ausgelöste Bauboom der „Gründerzeit" schuf für die zwischen 1881 und 1913 auf 50 000 mehr als verdoppelte Zahl an Einwohnern neuen Wohnraum. Außerdem wurden Großbauprojekte wie der Hauptbahnhof und das Provinzialmuseum realisiert. Häuserzeilen und Gewerbebetriebe prägten nun das Umfeld. Die Vororte St. Paulin und Löwenbrücken fanden räumlich Anschluss an die Stadt, während die Dorfsiedlungen Zurlauben, Maar und St. Barbara ihre bauliche Eigenständigkeit bewahrten. 1888 wurden diese Vororte eingemeindet. Auf der linken Moselseite und nordöstlich der Altstadt veränderten große Kasernen das Siedlungsbild.

Die seit dem späten 18. Jahrhundert nach der Zuschüttung der Gräben vor der Stadtmauer entstandenen Alleen wurden nach 1875 zu einer dringend benötigten, teilweise zweispurigen „Ringstraße" ausgebaut. Nach und nach von repräsentativen Wohnhäusern und öffentlichen Gebäuden begleitet, bot der „Grüngürtel" um die Altstadt schließlich ein abwechslungsreiches Bild, in das auch antike Ruinen wie die Porta Nigra sowie die Barbara- und Kaiserthermen eingebunden waren. Im Kernbereich äußerte sich die angestrebte „Verschönerung" des Stadtbildes in der Anlage neuer Plätze und der gärtnerischen Gestaltung vorhandener Platzflächen. Parallel zu diesen Maßnahmen wurden Pläne zur Verbesserung der hygienische Verhältnisse verwirklicht. Nachdem insbesondere unreines Trinkwasser als Ursache von Krankheiten erkannt war, wurde als Ersatz für zahlreiche Hausbrunnen eine zentrale Wasserversorgung mit Druckrohrleitung geschaffen. Dem 1884/85 erbauten Wasserwerk an der Pfalzeler Eisenbahnbrücke folgte 1893 ein zweites nahe dem Bahnhof in Ehrang.

1898 und 1900 gefasste staatliche Beschlüsse für ein umfassendes Kanalisationsprojekt und den Bau einer Kläranlage wurden bis 1909 umgesetzt. Das neue Kanalsystem beendete die völlig unzureichende Entsorgung von Abwässern in Trier. Gleichzeitig wurden die mit Kopfsteinen gepflasterten Straßen asphaltiert, die schon seit 1862 Bürgersteige erhielten. Ab 1904/05 sorgten die neue Straßenreinigung und die Müllabfuhr für beständige Sauberkeit in der Stadt.

Das gestiegene Verkehrsaufkommen wurde mit neuen Transportmitteln bewältigt. Auf die seit 1841 betriebene Dampfschifffahrt folgte der Anschluss an das Eisenbahnnetz ab 1860. Die schnellen Verbindungen nach Koblenz, Köln, Saarbrücken und Metz waren über einen Bahnhof auf dem linken Moselufer und den 1885 unweit des Alleenrings vollendeten Hauptbahnhof erreichbar. Im innerstädtischen Verkehr wurde die 1890 eingeführte Pferdebahn 1905 von elektrischen Straßenbahnen abgelöst, die seit 1913 über die neue Kaiser-Wilhelm-Brücke auch Pallien am nordwestlichen Moselufer erreichten.

Stadtplan von Trier, 1899

Nach Aufnahme Stadtvermessungsamt.

Reproduktion mit freundlicher Unterstützung des Amtes für Bodenmanagement und Geoinformation der Stadt Trier.

Panorama von Trier, 1901/10

Fotos Stadtbibliothek Trier, F. Laven.

Drei Fotos bilden ein Panorama von Trier. Die beiden Aufnahmen links sind 1901 entstanden. Das Foto rechts datiert aus dem Jahr 1910.

27 Trier und Zurlauben, um 1904

Foto Stadtbibliothek Trier, F. Laven.

Der Blick auf Trier von der Anhöhe über dem Dorf Pallien geht moselaufwärts bis zur Römerbrücke. Vor der Stadt, links im Bild, liegt das Fischerdorf Zurlauben. Es ist durch eine Holzbrücke mit der Moselinsel verbunden. Von dort führt eine Fährverbindung nach Pallien.

28 **Moselfähre, 1906**

Foto Stadtbibliothek Trier, F. Laven.

Eine Fähre transportiert Personen von Pallien zur Moselinsel an den Brückensteg nach Zurlauben.

29 Dorfstraße
in Zurlauben, um 1900

Foto Stadtbibliothek Trier, W. Deuser.

Wohn- und Gartenhäuser des 18. Jahrhunderts prägen das Ortsbild von Zurlauben.

30 Dorfstraße
im Maarviertel, um 1900

Foto Stadtbibliothek Trier, W. Deuser.

Einfache Wohnhäuser des 18. und 19. Jahrhunderts säumen die Maarstraße.

31 Ortsbild von Maar, 1942

Foto Rheinisches Landesmuseum Trier.

Vor dem Dorfrand erstreckt sich die noch unbebaute Feldflur. Die Siedlung wird überragt von der neuromanischen Pfarrkirche St. Martin, errichtet zwischen 1912 und 1915 nach Plänen von Peter Marx.

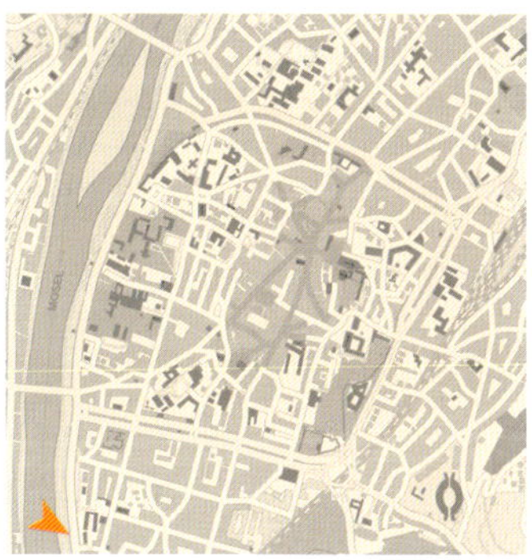

32 Häuser am St.-Barbara-Ufer, um 1900

Foto Stadtbibliothek Trier, W. Deuser.

Das Dorf St. Barbara (Barbeln) am Fluss südlich vor der Stadt verarmt in der zweiten Hälfte des 19. Jahrhunderts und wird zum Sanierungsgebiet.

33 Überschwemmung in St. Barbara, 1918

Foto Städtisches Amt für Denkmalpflege Trier.

Der Damm zum Schutz gegen Hochwasser ist im Bau. Noch ist die ufernahe Siedlung den jährlich wiederkehrenden Fluten ausgeliefert.

34 Dachlandschaft in St. Barbara, 1937

Foto Städtisches Amt für Denkmalpflege Trier.

Vor dem Krieg ist das alte Ortsbild von St. Barbara noch weitgehend intakt.

35 Hausabbruch in St. Barbara, 1905

Foto Stadtbibliothek Trier, W. Deuser.

Einfache Wohnhäuser des 18. Jahrhunderts sind in der Zeit um 1900 noch kein schutzwürdiges Denkmal und werden bedenkenlos abgebrochen.

36 St.-Barbara-Ufer, 1900

Foto Stadtbibliothek Trier, F. Laven.

Das Flussufer oberhalb der Römerbrücke bietet reichlich Kies als Baumaterial.

37 Aachener Straße mit Schlachthof, 1909

Foto Stadtbibliothek Trier, F. Laven.

Die bis 1883 „Palliener Allee“ genannte, von der Römerbrücke nach Pallien und zum Aufstieg in die Eifel führende Straße wird in der zweiten Hälfte des 19. Jahrhunderts bebaut. Die Gleisanlagen des nahen Bahnhofs und gewerbliche Betriebe wie der 1893/94 errichtete Schlachthof (im Bild das Verwaltungsgebäude) bestimmen das Umfeld.

38 Aachener Straße, 1904

Foto Stadtbibliothek Trier, F. Laven.

Am Ende des letzten Abschnitts der parallel zur Mosel verlaufenden Aachener Straße (heute Kölner Straße) teilt sich der Weg. Rechts geht es nach Pallien, links zur Napoleonsbrücke hinauf auf die Landstraße nach Bitburg in Richtung Aachen und Köln.

39 Römerstraße, 1911

Foto Stadtbibliothek Trier, F. Laven.

Die seit römischer Zeit unterhalb des Markusberges bergauf führende Straße ist im 19. Jahrhundert eine ländliche Idylle. Seit 1804 verkürzt und erleichtert die Napoleonsbrücke im Sirzenicher Bachtal bei Pallien den Weg in die Eifel.

40 Villen am Markusberg, nach 1912

Foto Stadtbibliothek Trier, F. Laven.

Die Hanglage am linken Moselufer gegenüber der Stadt wird in der zweiten Hälfte des 19. Jahrhunderts zum bevorzugten Wohngebiet für wohlhabende Bauherren.

41 Hornkaserne, 1900

Foto Stadtbibliothek Trier, F. Laven.

Ein bestimmendes Element der Besiedlung auf der linken Moselseite ist die 1892 fertiggestellte Hornkaserne – benannt nach dem in den Freiheitskriegen ausgezeichneten Generalleutnant Heinrich Wilhelm v. Horn (1762-1829).

42 Nordallee, um 1900

Foto Stadtbibliothek Trier, F. Laven.

1857 wird der nordöstliche Teil des Allenrings geschaffen und erhält den Namen Nordallee (seit 1963 Theodor-Heuss-Allee).

43 Christophstraße, 1900

Foto Stadtbibliothek Trier, F. Laven.

Parallel zur Nordallee (Theodor-Heuss-Allee) entsteht 1892/95 nach dem Abbruch des nordöstlichen Abschnitts der Stadtmauer die Christophstraße als innerer Teil des Alleenrings.

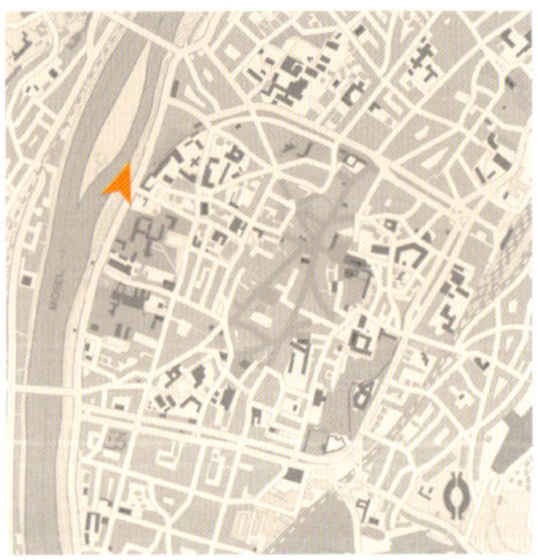

44 Katharinenufer, 1909

Foto Stadtbibliothek Trier, F. Laven.

Das stadtseitige Moselufer besitzt nur im Abschnitt oberhalb der ehemaligen Martinsmühle (Bildmitte) eine Allee. Die anschließende Uferstraße vor dem Gelände des ehemaligen Klosters St. Katharinen (Katharinenufer) wird erst im frühen 20. Jahrhundert bebaut.

45 Kaiserstraße, 1904

Foto Stadtbibliothek Trier, F. Laven.

Nach dem Abriss des südlichen Abschnitts der Stadtmauer wird parallel zur Südallee der Bau der Kaiserstraße als Teil des neuen Grüngürtels der Stadt möglich. Auf dem Eckgrundstück Kaiser-/Lorenz-Kellner-Straße lässt ein Arzt 1888 seine Villa im Stil des Neubarock errichten.

46 Provinzialmuseum, um 1900

Foto Rheinisches Landesmuseum Trier.

Das heutige Rheinische Landesmuseum setzt als palastartiges Gebäude im Stil der Neorenaissance 1889 einen städtebaulichen Akzent an der seit 1860 zunächst mit Gewerbebetrieben und dann mit Villen bebauten Ostallee.

47 Paulusplatz, 1917

Foto Stadtbibliothek Trier, F. Laven.

Anstelle einer Kreuzung von fünf Straßen (Windmühlen-, Lang-, Kalenfels-, Oeren- und Dietrichstraße) entsteht ab 1905 ein neuer Platz. Die Dombaumeister Wilhelm Schmitz und Julius Wirtz gestalten die angrenzende Pfarrkirche St. Paulus und das zugehörige Pfarrhaus. Es ist eine weitgehende, unter Verwendung von Originalteilen geschaffene Kopie eines zuvor an gleicher Stelle abgebrochenen gotischen Giebelhauses [**vgl. Abb. 3**].

48 Justizplatz, um 1900

Foto Stadtbibliothek Trier, W. Deuser.

Der 1835 angelegte Justizplatz (seit 1973 Nikolaus-Koch-Platz) vor dem Gebäude der theologischen Fakultät der alten Trierer Universität (Collegium Lambertinum) wird 1913 neu gestaltet.

49 Domfreihof, nach 1907

Foto Stadtbibliothek Trier, W. Deuser.

Der Domfreihof wird 1908 mit Grünflächen neu gestaltet. Hinten rechts steht das Denkmal für Kaiser Wilhelm I. von 1893.

50 **Balduinsbrunnen, 1903**

Foto Stadtbibliothek Trier, F. Laven.

An der Ecke Christoph-/Balduinstraße beziehungsweise Nord-/Ostallee wird 1897 ein Brunnen in Betrieb genommen. Die Statue auf der Brunnensäule stellt Erzbischof Balduin von Luxemburg dar, den Begründer des Trierer Kurstaates.

51 **Kornmarkt, nach 1906**

Foto Stadtbibliothek Trier, W. Deuser.

1907 erhält der Kornmarkt eine zentrale Grünanlage, die den 1750 in der Platzmitte errichteten Georgsbrunnen umgibt.

52 Dampfschiff am Johanniterufer, 1907

Foto Stadtbibliothek Trier, F. Laven.

An der Anlegestelle nahe dem Hauptzollamt am Johanniterufer ankert ein Raddampfer.

53 Dampfschiffstraße, um 1900

Foto Stadtbibliothek Trier, F. Laven.

Als direkte Verbindung zum Wartehäuschen bei der Anlegestelle der Dampfschiffe wird in den 1860er Jahren die Dampfschiffstraße geschaffen. Damit ist die Erschließung der angrenzenden „Johanniterflur" möglich.

54 Dampfschiff vor dem Katharinenufer, 1899

Foto Stadtbibliothek Trier, F. Laven.

Ein Schiff hat die Anlegestelle am Johanniterufer verlassen und fährt moselabwärts Richtung Koblenz.

55 Bahnhof in Trier-West, um 1900

Foto Rheinisches Landesmuseum Trier.

1860 wird auf der linken Moselseite an der Luxemburger Straße der erste Trierer Bahnhof eröffnet. Die palastartige Architektur orientiert sich an Bauwerken der italienischen Renaissance.

56 Pferdebahnwagen in der Nordallee, um 1900

Foto Rheinisches Landesmuseum Trier.

Die 1890 eingeführte Pferdebahn verkehrt halbstündlich. Eine vom Hauptbahnhof zum Hauptmarkt führende Verbindung setzt sich in zwei Linien nach Löwenbrücken und zum stadtseitigen Kopf der Römerbrücke fort.

57 Pferdebahnverkehr in der Bahnhofstraße, 1904

Foto Stadtbibliothek Trier, F. Laven.

Seit 1891 ist die Strecke Hauptbahnhof–Hauptmarkt der Pferdebahn zweigleisig angelegt.

58 Hauptbahnhof und Straßenbahn, nach 1905

Foto Rheinisches Landesmuseum Trier.

Seit 1905 fahren elektrische Straßenbahnen in Trier. Die Linien bedienen auch das gegenüberliegende Moselufer. 9 Millionen Fahrgäste benutzen vor 1914 jährlich die Straßenbahn. Sie wird 1951 abgeschafft und durch Oberleitungsbusse ersetzt.

59 Neustraße, um 1900

Foto Stadtbibliothek Trier, W. Deuser.

Pferdefuhrwerke sind noch ein geläufiges Bild in der Stadt zu Beginn des 20. Jahrhunderts.

60 Kaiser-Wilhelm-Brücke im Bau, 1913

Foto Stadtbibliothek Trier, F. Laven.

Der Bau der Kaiser-Wilhelm-Brücke entlastet den innerstädtischen Verkehr erheblich. Die zur Römerbrücke führende enge Brückenstraße verliert dadurch ihre Bedeutung als eine der Hauptverkehrsachsen der Stadt.

61 Kaiser-Wilhelm- Brücke, um 1925

Foto Rheinisches Landesmuseum Trier.

Die Straßenbahnen auf der Brücke verkehren zwischen Porta Nigra und Pallien.

DIE STADT VOM ERSTEN WELTKRIEG BIS 1945

Nach dem Ersten Weltkrieg führten Zerstörungen, der Flüchtlingsstrom aus Elsass-Lothringen und Beschlagnahmungen durch französisches Militär zu akuter Wohnungsnot, der man mit dem Bau von Siedlungen begegnete. Nach dem Abzug der Franzosen 1930 wurden sogar in den Kasernen Wohnungen eingerichtet. Die Stadt förderte den sozialen Wohnungsbau durch Genossenschaften und Siedlergemeinschaften. Mehrfamilienhäuser und einfache Reihenhäuser entstanden überwiegend an neuen Straßen außerhalb des Alleenrings. Die Formensprache der Architektur war, dem Stil der Zeit entsprechend, auch an Verwaltungsgebäuden, Schulen, Schwimmbädern und Sportstätten nüchtern und sachlich.

Bunker und Brandgassen

Unter den Nationalsozialisten wurde der Wohnungsbau nach 1933 zunächst fortgesetzt. Außerdem verwandelten über 200 Arbeitslose die verwahrloste Freifläche zwischen Kurfürstlichem Palast und Kaiserthermen in einen zentralen Aufmarschplatz mit Volksgarten. Bis 1939 wurden neue Kasernen im Stadtgebiet gebaut. Ältere Ideen zur städtebaulichen Entwicklung mündeten in den „Großen Trierer Plan", der eine „Denkmälerschau 3000-jähriger deutscher Geschichte" in der Innenstadt, eine Neugestaltung des Moselufers sowie eine „Stadtkrone" auf dem Petrisberg vorsah. Durch den nahenden Krieg blieben diese Pläne jedoch auf dem Papier. Baumaßnahmen galten nun zunehmend der Kriegsvorbereitung und Landesverteidigung. Zwischen 1941 und 1943 wurden unter anderem der pseudomittelalterliche Hochbunker am Augustinerhof errichtet und zahlreiche Löschwasserbecken in Form von Zierteichen angelegt. Besonders nachhaltige Eingriffe in die Altstadt erfolgten 1944 mit dem Abriss von 175 Gebäuden für zwei „Brandgassen", die bei Luftangriffen als Fluchtwege dienen sollten, aber auch zu einer Verkehrsentlastung führten. Der Weg in die Katastrophe war damit nicht aufzuhalten.

Die Zerstörung der Stadt

Die ersten Luftangriffe auf Trier zwischen 1940 und 1942 verursachten nur geringe Schäden. Am 1. April 1943 wurden jedoch das Ausbesserungswerk der Reichsbahn in Trier-West, der Flugplatz in Trier-Euren, der Verschiebebahnhof in Ehrang und das Bahnbetriebswerk in Trier-Kürenz schwer getroffen. Im August 1944 bombardierte die US-Airforce dann auch die Innenstadt massiv, um Angriffe von Bodentruppen vorzubereiten. Bei näherrückender Front wurden im Oktober fast alle Stadtbewohner evakuiert. Während der heftigen Luftangriffe am 21., 23. und 24. Dezember 1944 hielten sich nur noch wenige Personen in Trier auf. Am 2. März 1945 traf die 10. amerikanische Panzerdivision auf eine entvölkerte, weitgehend in Schutt und Asche liegende Stadt.

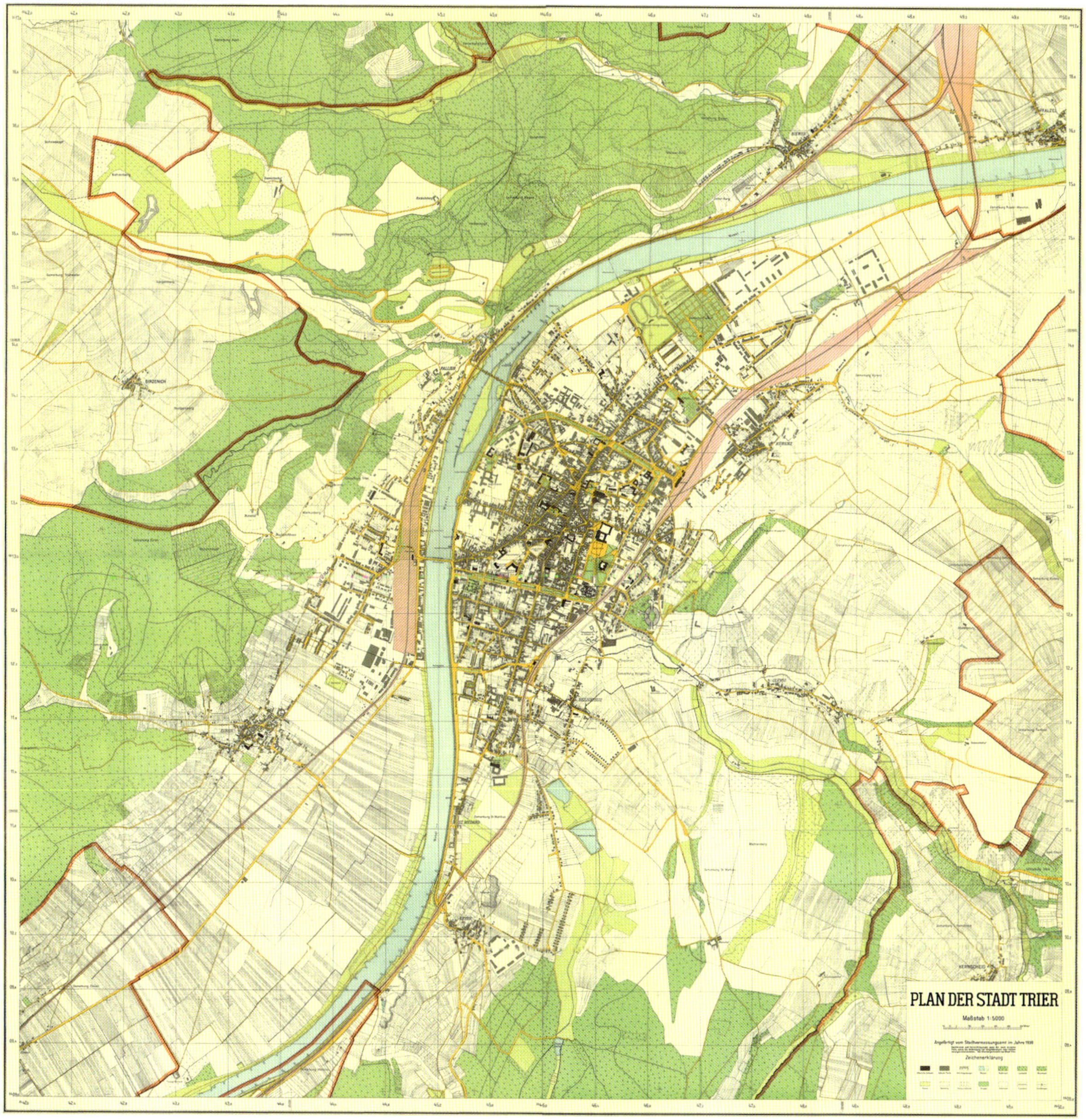

Stadtplan von Trier, 1938

Nach Aufnahme Stadtvermessungsamt.

Reproduktion mit freundlicher Unterstützung des Amtes für Bodenmanagement und Geoinformation der Stadt Trier.

62 Mehrfamilienhäuser Hohenzollernstraße, um 1925

Foto Stadtbibliothek Trier, M. Bätz.

An der zu Beginn des 20. Jahrhunderts gebauten Hohenzollernstraße in Trier-Süd errichtet die „Gemeinnützige Wohnungsbaugesellschaft von 1922" eine Häuserzeile mit 27 Wohnungen.

63 Mehrfamilienhäuser Ruwerer Straße, 1937

Foto Rheinisches Landesmuseum Trier, F. Kutzbach.

Neubauten schaffen 1937 entlang der Straße (seit 1969 Herzogenbuscher Straße) und im anstoßenden Bereich „An der Feldport" modernen und preiswerten Wohnraum.

64 Reihenhaussiedlung „Im Sonnenschein", nach 1930

Foto Rheinisches Landesmuseum Trier.

Im Anschluss an die neuen Sportstätten in Trier-Nord wird 1929 die Reihenhaussiedlung „Im Sonnenschein" fertiggestellt.

65 Sportstätten Trier-Nord, nach 1930

Foto Stadtbibliothek Trier.

Auf dem Gelände der ehemaligen Abtei St. Marien werden nach dem Ersten Weltkrieg Sport- und Spielplätze geschaffen. Durch zwei Stadien für Fußball und Leichtathletik mit Eingangs- und Umkleidegebäude erfolgt bis 1930 eine Erweiterung des Areals, einschließlich einer Badeanstalt an der Mosel.

66 Schwimmhalle im Stadtbad, um 1935

Foto Stadtbibliothek Trier, N. Haas.

Das 1929/31 nach Entwürfen der Trierer Architekten Brand und Mertes gebaute Wannen- und Schwimmbad an der Südallee dient der „Volksgesundheit".

67 Handwerkskammer, um 1930

Foto Rheinisches Landesmuseum Trier.

Das von Klosterbauten und Freiflächen beherrschte nordöstliche Viertel der Altstadt erhält ab 1902 durch umfassende Abbruch- und Neubaumaßnahmen ein völlig neues Aussehen. In der Sichelstraße entsteht 1924/26 nach Plänen von Ernst Brand die Handwerkskammer.

68 Reichsbahndirektion, um 1930

Foto Stadtbibliothek Trier, M. Bätz.

An der Ecke Christoph-/Balduinstraße wird 1925 der 320 Räume umfassende Verwaltungsbau der Reichsbahndirektion fertiggestellt. Das Gebäude ist ab 1935 Sitz der Geheimen Staatspolizei (Gestapo).

69 Hindenburg-Gymnasium, um 1930

Foto Stadtbibliothek Trier, M. Bätz.

Mit der Verbindungsstraße zwischen Hindenburgstraße und Augustinerhof wird 1928/29 das Hindenburg-Gymnasium gebaut, um dem Mangel an Schulraum zu begegnen. Es wird 1944 zerstört und 1957/59 durch einen Neubau (seit 2009 Humboldt-Gymnasium) ersetzt.

70 Umgestaltung des Palastplatzes, 1936

Foto Rheinisches Landesmuseum Trier.

Aus einem Rummelplatz mit Fußballfeld wird ein Aufmarschplatz mit Volksgarten. Für die Umgestaltung werden Arbeitslose zwangsverpflichtet.

71 Paradeplatz am Kurfürstlichen Palast, 1937

Foto Rheinisches Landesmuseum Trier.

Der neue Aufmarschplatz am Kurfürstlichen Palast ist fertiggestellt. Fahnenschmuck und Rednertribüne weisen auf den bevorstehenden Kreisparteitag.

72 Hochbunker an der Karl-Grün-Straße, 2011

Foto Rheinisches Landesmuseum Trier, Th. Zühmer.

Trier-Nord erhält im Rahmen des 1940 reichsweit verfügten Bunkerbaues einen Schutzbau für 680 bis 800 Personen. Der von Heinrich Otto Vogel entworfene Bunker erinnert in seiner Form an Trierer Wohntürme des Mittelalters. Heute dient er als Probenhaus für Musikgruppen.

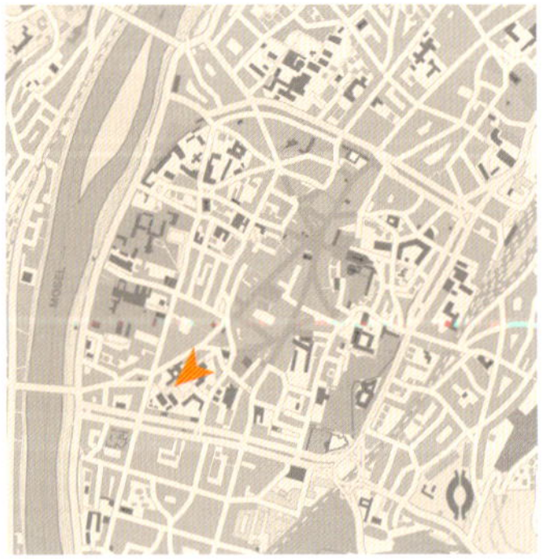

73 Hochbunker am Augustinerhof, 2011

Foto Rheinisches Landesmuseum Trier, Th. Zühmer.

1943 wird nahe dem im Augustinerkloster untergebrachten Rathaus ein gewaltiger Bunker in Form eines mittelalterlichen Wehrturms gebaut. Das Gebäude soll ca. 2200 Personen Schutz bieten und städtische Dienststellen aufnehmen. Der weitere Ausbau des Augustinerhofes zum Verwaltungszentrum der Stadt kommt nicht zur Ausführung. Das Gebäude dient jetzt als Lager.

74 Löschwasserbecken um den Balduinsbrunnen, 1943/44

Foto Stadtbibliothek Trier, M. Bätz.

Mit zunehmender Dauer des Krieges werden zur raschen Bekämpfung möglicher Brände im Stadtbereich Löschwasserbecken angelegt und häufig städtebaulich so geschickt gestaltet, dass ihre wahre Funktion dem Betrachter nicht auffällt.

75 Östliche Altstadt, um 1930

Foto Rheinisches Landesmuseum Trier.

Die im Bild eingezeichnete „Brandgasse" (heute Konstantinstraße) schafft als Verlängerung der im 18. Jahrhundert angelegten Johann-Philipp-Straße eine Verbindung vom Kornmarkt zur Basilika und in die östlichen Stadtteile.

76 Altstadtmitte, um 1930

Foto Rheinisches Landesmuseum Trier.

Die im Bild eingezeichnete „Brandgasse“ (heute Stresemannstraße) verbindet einen Kreuzungspunkt von fünf Straßen mit dem Viehmarkt.

77 Brennender Dom, August 1944

Foto Bistumsarchiv Trier.

78 Palais Kesselstatt und Dom, August 1944

Foto Stadtbibliothek Trier.

79 Aufräumarbeiten im Palais Kesselstatt, August 1944

Foto Stadtbibliothek Trier.

80 Jüdemerstraße mit Blick in die Fahrstraße, Dezember 1944 [vgl. Abb. 93]
Foto Stadtbibliothek Trier.

81 Konstantinplatz, Dezember 1944

Foto Stadtbibliothek Trier.

82 Weberbach, Dezember 1944

Foto Stadtbibliothek Trier.

83 Basilika, 1945 [vgl. Abb. 132]
Foto Stadtbibliothek Trier, F. Thörnig.

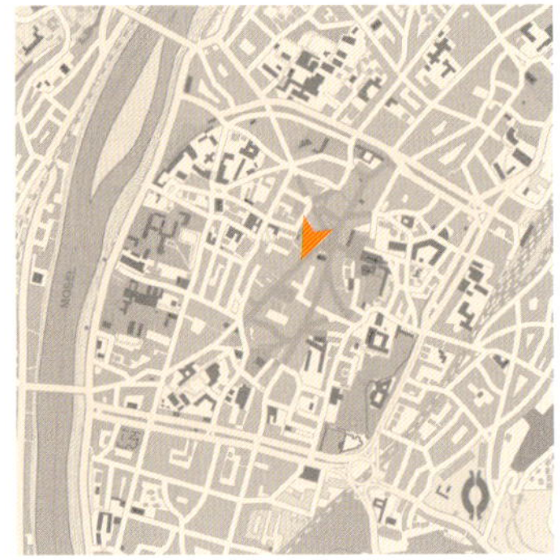

84 Blick zum Kornmarkt, 1945

Foto Stadtbibliothek Trier, W. Herold.

85 Fleischstraße, 1945

Foto Stadtbibliothek Trier.

86 Stadtzentrum, 7. Mai 1945
Foto Luftbild-Datenbank, Estenfeld.

WIEDERAUFBAU UND HEUTIGES STADTBILD

In den 1950er und 1960er Jahren erhitzte die Frage des Wiederaufbaus deutscher Städte zunehmend die Gemüter. Welche zerstörten Bauwerke sollten überhaupt wiedererrichtet werden und in welcher Form? Vor diesem Hintergrund entwarf der Maler, Grafiker und Karikaturist Martin Dittrich (Berlin 1928 - 1958 Trier) ein utopisches Bild von Trier als Stadt der Zukunft. In Wirklichkeit wünschten sich die Einwohner vor allem die „Steipe“ am Hauptmarkt zurück, das architektonische Wahrzeichen der Bürgerschaft seit dem 15. Jahrhundert. Außerdem sollte ein neues Stadttheater gebaut werden. Es wurde nach langen Debatten über den Bauplatz am Augustinerhof in moderner Form neu errichtet. Bei der Steipe entschied man sich nach ausführlicher öffentlicher Diskussion hingegen für einen Wiederaufbau in weitgehend historischer Gestalt am alten Standort. Steipe und Theater markieren das Ende der „Nachkriegszeit“ und zeigen die Möglichkeiten der städtebaulichen Erneuerung in der zweiten Hälfte des 20. Jahrhunderts.

Das veränderte Stadtbild

Die im Krieg zu 41 % zerstörte architektonische Substanz der Stadt ist inzwischen erneuert. Historische Ensembles sind nur noch partiell vorhanden. Die Dichte der Bebauung hat einen Höchststand erreicht. Der Vergleich zwischen Gestern und Heute zeigt, dass der Wille zur Verbesserung der Lebensverhältnisse und wirtschaftliche Interessen zu einem neuen Stadtbild geführt haben. Dieses erscheint insbesondere dort als lebens- und liebenswert, wo der Prozess der Erneuerung im Einklang mit historischen Strukturen vollzogen wurde. Mangelnde Sensibilität im Umgang mit dem historischen Erbe ist mittlerweile ein Thema der öffentlichen Diskussion: „Solange die vermeintlich zeitgenössische Architektur in einer Baulücke sich als das ganz Andere gerieren darf, als Kunstobjekt, das die überlieferte Stadt missbraucht, um sich in Szene zu setzen, aus Vermarktungsgründen oder bloßem Architektenehrgeiz, mag es noch gutgehen. Sobald aber mehrere solcher Objekte eine Straße bilden, breiten sich Chaos oder Trostlosigkeit oder beides aus.“ *(Hans Kollhoff, Frankfurter Allgemeine Nr. 110 vom 12.5.2011, S. 30).*

87 Südallee als Boulevard mit Kanal

Kolorierte Tuschezeichnung, M. Dittrich.

Rheinisches Landesmuseum Trier, Plan R 194.

Die zur Prachtstraße ausgebaute Südallee durchfließt ein Kanal, der von Weber- und Altbach gespeist wird.

88 Blick über die Mosel auf Trier-West

Kolorierte Tuschezeichnung, M. Dittrich.

Rheinisches Landesmuseum Trier, Plan R 195.

Trier-West präsentiert sich als Viertel europäischer Behörden an einer vierspurigen Autobahn vor der kanalisierten Mosel. Den regen Verkehr auf Fluss und Schnellstraße verfolgen Spaziergänger vom denkmalgeschützten stadtseitigen Ufer.

89 Blick vom Insel-Café auf das stadtseitige Moselufer

Kolorierte Tuschezeichnung, M. Dittrich.

Rheinisches Landesmuseum Trier, Plan R 193.

Vom Terrassencafé auf der Moselinsel blickt man auf das Ufer der Altstadt und die Römerbrücke. An der Uferallee reihen sich Theater, Festhalle, Rathaus, Bibliothek, Parkhaus, Hotels und andere Gebäude.

90 Altbachtal mit archäologischem Park

Kolorierte Tuschezeichnung, M. Dittrich.

Rheinisches Landesmuseum Trier, Plan R 196.

Zu Füßen der mit Wohnbauten besetzten Hänge des Altbachtals erstreckt sich eine archäologische Zone mit rekonstruierten Denkmälern des ehemaligen römischen Tempelbezirks.

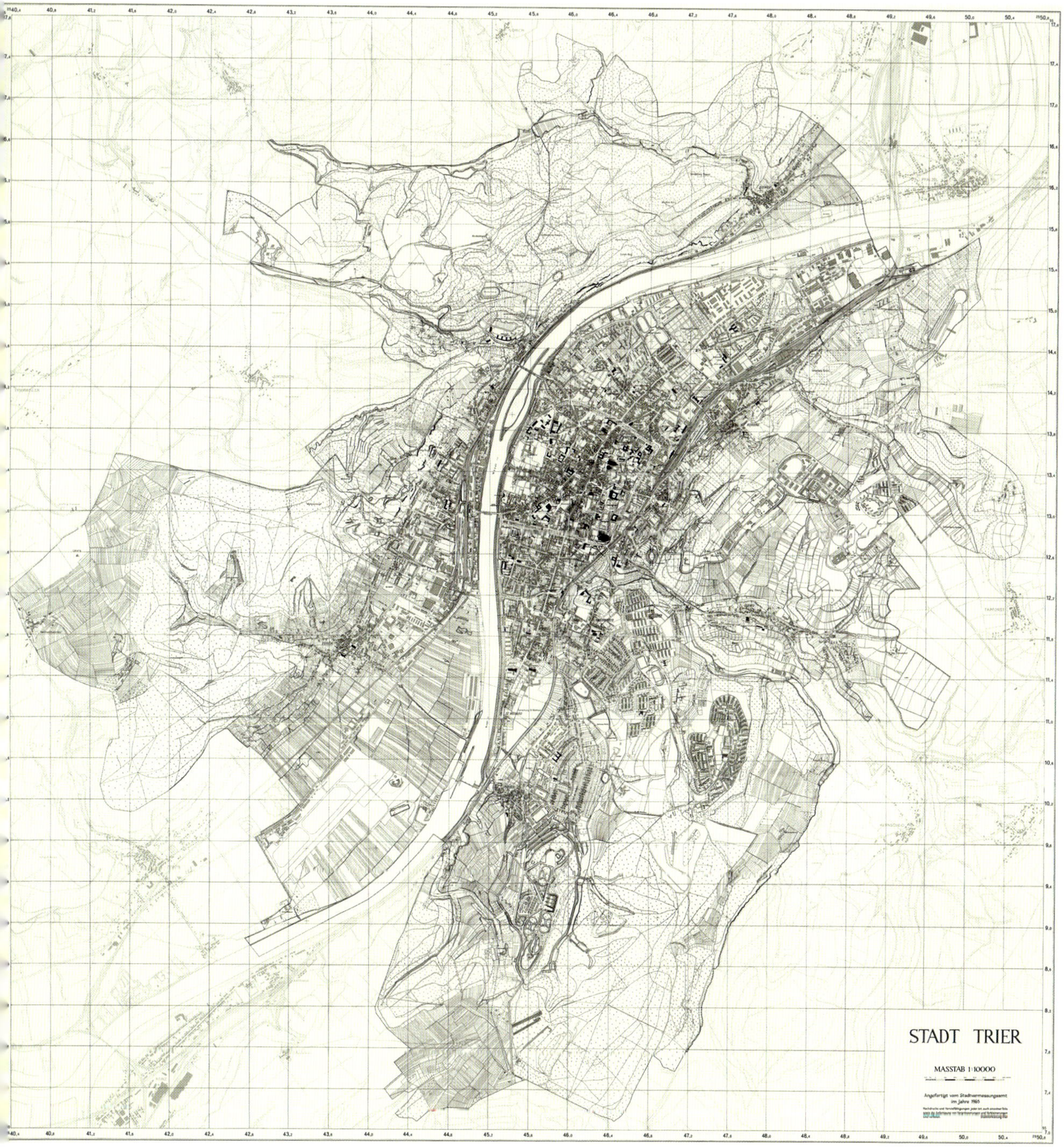

Stadtplan von Trier, 1965

Nach Aufnahme Stadtvermessungsamt.

Reproduktion mit freundlicher Unterstützung des Amtes für Bodenmanagement und Geoinformation der Stadt Trier.

91 Steipe, um 1900

Foto Stadtbibliothek Trier, F. Laven.

Das spätmittelalterliche Festhaus des Trierer Rates wird im 19. Jahrhundert als Hotel genutzt.

92 Steipeneck nach der Zerstörung und dem Wiederaufbau

Foto Stadtbibliothek Trier, M. Bätz.

Am 21. Dezember 1944 werden die Steipe und benachbarte Häuser am Hauptmarkt nahezu vollständig zerstört. Erhalten bleiben nur Kellergewölbe, ein Hofflügel von 1559 mit Treppenturm und das Hahnenhaus an der Dietrichstraße.

1951 dient das „Steipeneck" als Terrasse für ein Café.

Foto F. Thörnig.

Der rekonstruierende Wiederaufbau der Steipe und der beiden benachbarten Häuser ist 1970 vollendet.

Foto Rheinisches Landesmuseum Trier, H. Thörnig.

93 **Stadttheater, Ansicht von der Fahrstraße, um 1900**

Foto Stadtbibliothek Trier, W. Deuser.

Das nach 1802 im Kapuzinerkloster eingerichtete Theater wird 1864 durch einen eigenständigen Theaterbau ersetzt, der 1907 erweitert wird **[vgl. Abb. 80]**.

94 **Stadttheater, Neubau, 1964**

Foto Stadtbibliothek Trier, F. Thörnig.

Das im Krieg zerstörte historische Stadttheater im Bereich Fahrstraße/ Ecke Viehmarkt wird nach vorübergehender Nutzung von Treveris-Saalbau und Bischof-Korum-Haus 1962/64 durch einen neuen, modernen Ansprüchen genügenden Theaterbau am Augustinerhof ersetzt.

95 Simeonstraße mit Hauptmarkt, um 1860

Foto Stadtbibliothek Trier.

Die Hauptgeschäftsstraße zwischen Porta Nigra und Hauptmarkt bietet um 1860 noch ein beschauliches Bild.

96 Hauptmarkt, um 1870

Foto Stadtbibliothek Trier, P. Krapp.

An der Einmündung der Simeonstraße in den Hauptmarkt stehen mittelalterlichen Häusern Neubauten des 19. Jahrhunderts gegenüber.

97 Hauptmarkt, nach 1902

Foto Stadtbibliothek Trier, F. Laven.

Das Domhotel an der Ecke Hauptmarkt/Jakobstraße verändert 1902 das Erscheinungsbild des Stadtzentrums.

98 Simeonstraße 53, um 1900

Foto Stadtbibliothek Trier, W. Deuser.

1960 wird ein kriegsbeschädigtes herrschaftliches Wohnhaus der 1780er Jahre in der Simeonstraße abgebrochen. Geborgene Fassadenteile werden 1962 einem zwei Parzellen weiter rechts errichteten Kaufhausneubau vorgeblendet.

99 Glockenstraße, um 1900

Foto Stadtbibliothek Trier, W. Deuser.

Das Bild der nach einer mittelalterlichen Glockengießerei benannten Straße ist gegenüber der Zeit um 1900 nicht wesentlich verändert.

100 Grabenstraße, nach 1890

Foto Rheinisches Landesmuseum Trier.

Wo ehemals Läden, Marktstände und die Pferdebahn das Leben auf der Straße bestimmten, erstreckt sich heute eine Fußgängerzone.

101 Graben-/Ecke Palaststraße, um 1900

Foto Stadtbibliothek Trier, W. Deuser.

Ab 1844 ersetzen mit Gas betriebene Laternen die Öllampen als Straßenbeleuchtung. 1870 stehen 207 Gaslaternen in der Stadt. Der zunehmende Bedarf an Strom wird durch den Betrieb eines Elektrizitätswerkes ab 1902 gedeckt.

102 Johann-Philipp-/Ecke Brotstraße, um 1900

Foto Stadtbibliothek Trier, W. Deuser.

Auf Anordnung des Kurfürsten Johann Philipp von Walderdorff werden Kornmarkt und Brotstraße nach 1766 durch eine neue Straße (Johann-Philipp-Straße) miteinander verbunden. Die zwei Hausecken zur Brotstraße hin erhalten markante Pfeiler mit Figuren der Namenspatrone des Kurfürsten (im Bild die Statue des Täufers Johannes).

103 Brot-/Ecke Johann-Philipp-Straße, um 1925

Foto Stadtbibliothek Trier, M. Bätz.

In späteren Neubauten hat nur die Figur des Hl. Philippus die Zeiten überdauert.

104 **Brotstraße, um 1900**

Foto Stadtbibliothek Trier, W. Deuser.

Im oberen Teil der Brotstraße sind das Haus „Zum Löwenstein" (Bildmitte), die folgenden Häuser und das Warenhaus Haas an der Kreuzung Brot-/Neu-/Fahrstraße (1911 erneuert, heute Textilkaufhaus Sinn-Leffers) durch Neubauten ersetzt.

105 Fleischstraße, vor 1945

Foto Rheinisches Landesmuseum Trier.

Die im Krieg schwer beschädigte Straße wurde ursprünglich von Häusern des 18. und 19. Jahrhunderts geprägt. Bis in das 15. Jahrhundert reicht die Geschichte des Hauses im Bild vorne links zurück. Nach Besitzwechsel und Umbau erhielt es 1819 eine neue Fassade.

106 Fleischstraße, um 1920

Foto Stadtbibliothek Trier, W. Deuser.

107 Fleischstraße, 1989

Foto Städtisches Amt für Denkmalpflege Trier.

Das 6 000 m² umfassende Areal des heutigen Einkaufszentrums „Trier-Galerie" zwischen Fleisch- und Metzelstraße war bis 2001 Standort der Verwaltung und Druckerei des 1881/82 von dem katholischen Geistlichen Georg Friedrich Dasbach gegründeten Paulinus-Verlages.

108 Fleisch-/Ecke Nagelstraße, um 1900

Foto Stadtbibliothek Trier, W. Deuser.

Die historischen Häuser an der Ecke zur Nagelstraße sind vollständig durch Bauten des 20. Jahrhunderts ersetzt.

109 Kornmarkt nach Westen, vor 1880

Foto Städtisches Amt für Denkmalpflege Trier.

Das herrschaftliche Wohnhaus „Zur Kronenburg" (Bildmitte, hinten), das alte Rat- und Kaufhaus (rechts) sowie der Georgsbrunnen bestimmen bis zum Bau der Reichspost (1882 anstelle der Kronenburg) das Erscheinungsbild des Platzes nach Westen.

110 Kornmarkt nach Osten, vor 1880

Foto Städtisches Amt für Denkmalpflege Trier.

Am östlichen Ende des Platzes liegen das neue Rathaus (links) und das Kasino (rechts). In der Mitte führt die Johann-Philipp-Straße zur Brotstraße. Die Fortsetzung der Johann-Philipp-Straße bis zur Basilika (Konstantinstraße) entsteht mit dem „Brandgassendurchbruch“ von 1943 **[vgl. Abb. 75]**.

111 **Metzelstraße, um 1900**

Foto Stadtbibliothek Trier, W. Deuser.

Vor hundert Jahren stehen in der Straße noch einzelne Häuser aus dem Mittelalter (links). Der hintere Abschnitt ist mit Mietshäusern jüngeren Datums besetzt.

112 **Johannis-/Ecke Metzelstraße, um 1965**

Foto Städtisches Amt für Denkmalpflege Trier.

Der Kreuzungsbereich von Brücken-, Johannis-, Metzel-, Fleisch- und Stresemannstraße wird 60 Jahre lang vom mächtigen Hotel „Anker" beherrscht. Das 1908 in Formen des späten Jugendstils errichtete Gebäude wird 1968 abgebrochen.

113 Hosenstraße, um 1900

Foto Stadtbibliothek Trier, W. Deuser.

Der vordere Teil der Straße (im Bild nicht sichtbar) weicht 1943 der „Brandgasse" zwischen Brotstraße und Basilika (Konstantinstraße) **[vgl. Abb. 75]**.

114 Fahr-/Ecke Nagelstraße, um 1900

Foto Stadtbibliothek Trier, W. Deuser.

Das Kaufhaus Mauel und alle anderen Gebäude im unteren Abschnitt der alten Fahrstraße sind im heutigen Stadtbild nicht mehr vorhanden.

115 **Fahrstraße in Richtung Brotstraße, um 1900**

Foto Stadtbibliothek Trier, W. Deuser.

Die Fassade des Stadttheaters (rechts) und das um 1831 erbaute Haus und spätere Hotel „Zum Franziskaner“ (hohes Gebäude links) beherrschen um 1900 den Straßenzug.

116 Viehmarkt nach Südwesten, vor 1898

Foto Stadtbibliothek Trier.

Aus dem Gelände des niedergelegten Kapuzinerklosters wird 1811 der Viehmarktplatz. Der 1829 in der Platzmitte errichtete Brunnen wird 1898 entfernt.

Viehmarkt, nach 1998

Foto W. Bosl.

Das Luftbild zeigt den heutigen Platz mit dem Quadratbau von Oswald Mathias Ungers über den Resten der römischen Thermenanlage. Im Pflaster ist der Verlauf der römischen Straßenkreuzung abgebildet. Das längere Straßenstück führt zum zweiteiligen Komplex der Stadtsparkasse, durch den die ehemalige Jüdemerstraße verläuft **[vgl. Abb. 118]**.

117 Viehmarktstraße, 1930

Foto Städtisches Amt für Denkmalpflege Trier.

Keines der Gebäude, die den Straßenzug bis 1945 säumten, ist heute mehr erhalten.

118 Jüdemerstraße, um 1900

Foto Stadtbibliothek Trier, W. Deuser.

Nach Kriegszerstörungen und dem Bau der Sparkasse am Viehmarkt ist diese Straße aus dem Stadtbild völlig verschwunden [**vgl. Luftbild S. 109**].

119 Krahnenstraße, um 1900

Foto Stadtbibliothek Trier, W. Deuser.

Durch Maßnahmen der Denkmalpflege konnte ein Teil der historischen Häuser der Straße erhalten und als Wohnraum wieder nutzbar gemacht werden.

120 Neustraße, um 1900

Foto Stadtbibliothek Trier, W. Deuser.

Nur Teile der Straße gleichen heute noch dem Bild der Zeit um 1900.

121 Moselufer, um 1903

Foto Stadtbibliothek Trier, F. Laven.

Der Bereich zwischen den beiden historischen „Krahnen" am Johanniterufer unterhalb der Römerbrücke wird durch die spätere Stadtentwicklung zur vierspurigen Schnellstraße.

122 Porta-Nigra-Platz, um 1920

Foto Stadtbibliothek Trier, M. Bätz.

Baumaßnahmen der 1950er und 1960er Jahre verändern den Bereich Nordallee/Ecke Paulinstraße nachhaltig. Auch das 1898 erbaute Hotel „Porta Nigra“ wird durch einen Neubau ersetzt.

123 Bahnhofsplatz mit Hotel „Reichshof“, um 1900

Foto Stadtbibliothek Trier, F. Laven.

Der Bahnhofsplatz wird von historistischer Architektur dominiert.

124 Vereinshaus „Treveris", um 1930

Foto Städtiswches Amt für Denkmalpflege Trier.

Das 1896/1900 für die katholischen Arbeitervereine errichtete Festhaus hatte als eines der ersten Gebäude in Trier elektrisches Licht. Der repräsentative Saalbau des Jugendstils wurde 1974/75 abgerissen und durch das Geschäfts- und Wohnzentrum „Treverispassage" ersetzt.

125 Vereinshaus „Treveris", Festsaal, um 1930

Foto Rheinisches Landesmuseum Trier.

126 St. Maximin, Kirche, um 1900

Foto Stadtbibliothek Trier, W. Deuser.

Der Bereich des einst mächtigen Reichsklosters wurde nach der Säkularisation zur Kaserne. Die in frühchristliche Anfänge zurückreichende Kirche des Klosters dient heute als Schulturnhalle und Ort kultureller Veranstaltungen.

127 St. Maximin, Kloster, um 1900

Foto Stadtbibliothek Trier, W. Deuser.

Die Klausurgebäude des Klosters St. Maximin wurden während des Ersten Weltkrieges abgerissen. Die heutige Straße „In der Reichsabtei" zerschneidet das ehemalige Areal des Klosters.

128 Südöstliche Altstadt, 1914

Foto Rheinisches Landesmuseum Trier, Seehagen/Körner. (S. 119: Luftbild W. Bosl).

Das geschlossene Stadtviertel zwischen der Weberbach(straße) und der Platzfläche zwischen Kurfürstlichem Palast und Kaiserthermen wird zu großen Teilen im Zweiten Weltkrieg zerstört.

129 Hintergasse, vor 1945

Foto Stadtbibliothek Trier, H. v. Pechmann/H. Schmalzigaug.

Die kleine Gasse zwischen Weberbach(straße) und Palastgarten ist heute völlig verschwunden.

130 **Weberbach, um 1900**

Foto Stadtbibliothek Trier, W. Deuser.

In der „Weberbach“ stehen in der Zeit um 1900 noch mehrere gotische Häuser, darunter das stuckverzierte Haus „Zum Kronenbaum“, Zunfthaus der früher in der Straße ansässigen Färber (vorn links).

131 Weberbach, 1898

Foto Städtisches Amt für Denkmalpflege Trier, C. C. Kiesgen.

In der Weberbach(straße) ist Ende des 19. Jahrhunderts der mit Steinplatten abgedeckte Kanal des Stadtbachs noch gut zu erkennen.

132 **Basilikavorplatz, 1937**
Foto Rheinisches Landesmuseum Trier.

Die Straße „An der Basilika" führt zum Platz zwischen Kurfürstlichem Palast und Kaiserthermen **[vgl. Abb. 83]**.

133 An der Basilika, vor 1945

Foto Rheinisches Landesmuseum Trier.

Der Blick Richtung Dom fällt auf die mittelalterliche Hauszeile des Karthäuserhofes „An der Meerkatz".

134 **Kurfürstlicher Palast, Niederschloss mit Rotem Turm, um 1900**

Foto Stadtbibliothek Trier, W. Deuser.

Vom sogenannten Niederschloss, dem Wirtschaftshof des Kurfürstlichen Palastes (St. Petersburg), sind heute nur noch der im 17./18. Jahrhundert als Archiv und Kanzlei genutzte „Rote Turm" und das „Petersburgportal" erhalten.

135 Kurfürstlicher Palast, Marstall, um 1900

Foto Stadtbibliothek Trier, W. Deuser.

Ein Bestandteil des Wirtschaftshofes am Kurfürstlichen Palast war der Marstall für die Reit- und Zugpferde des Kurfürstlichen Hofes.

136 Basilika und Kurfürstlicher Palast, um 1930

Foto Rheinisches Landesmuseum Trier.

Der Blick durch das kleine Tor in der mittelalterlichen Stadtmauer an der Ostallee zeigt den Palastplatz vor der Umgestaltung durch die Nationalsozialisten.

Register

Das Register verweist auf die Straßen, Plätze, Gebäude und Denkmäler sowie auf die Stichwörter *Luftbild, Moselufer, Stadtansicht, Stadtpanorama* und *Stadtplan* mit der Abbildungsnummer sowie ggf. mit Angabe der Seitenzahl (S.).

CREDITS

An der Ausstellung haben mitgewirkt:

Projektleitung
Mechthild Neyses-Eiden, Peter Seewaldt

Objektauswahl und Ausstellungstexte
Peter Seewaldt, Joachim Hupe,
Anne Kurtze, Mechthild Neyses-Eiden

Bildvorlagen
Archive
Rheinisches Landesmuseum Trier, Stadtarchiv Trier,
Städtisches Amt für Denkmalpflege Trier, Städtisches Amt
für Bodenmanagement und Geoinformation Trier,
Bistumsarchiv Trier, Luftbild-Datenbank Estenfeld

Fotografen
M. Bätz, W. Bosl, W. Deuser, N. Gary, N. Haas, W. Herold,
C. C. Kiesgen, P. Krapp, F. Kutzbach, F. Laven, H. v. Pechmann/
H. Schmalzigaug, Seehagen/Körner, F. Thörnig, H. Thörnig

Fotodokumentation
Thomas Zühmer

Bildbearbeitung
Thomas Zühmer,
Rudolf Günther, Trier

Textredaktion
Jürgen Merten, Sanja Groß

Ausstellungsgestaltung und Werbelinie
Franz-Josef Dewald

Digitaldruck
Buschmann Werbung GmbH & Co KG Trier

Ausstellungsbau
Mario Adams, Paul Roth, Michael Jakobs,
Haribert Müller, Norbert Warmke, Reinhold Witzmann

Ausstellungsbeleuchtung
Gerhard Ziewers

Depotverwaltung
Matthias Fröhlich

Konservatorische Betreuung
Ludwig Eiden, Annegret Gerick, Claudio Taras,
Frank Caspers, Anna Straeter

Historische Trier-Filme und Videoanimation
Ralf Kotschka, visual concepts Medienproduktion Trier

Museumspädagogik und Begleitprogramm
Anne Kurtze

Audioguide
Textauswahl: Frank Unruh
Sprecher: Helmut Leiendecker
Tonwelt – professional media GmbH Berlin

Presse- und Öffentlichkeitsarbeit
Anne Kurtze, Frank Unruh

Medienpartner
Trierischer Volksfreund

Wir danken für die Überlassung von Filmausschnitten:
Bistumsarchiv Trier,
Ubri Calchera, Trier,
Horst Schäfer (mit freundlicher Genehmigung des SWR)
SWR»

Schriftenreihe des Rheinischen Landesmuseums Trier

1 Peter Seewaldt, Katalog der Herdgußplatten des Rheinischen Landesmuseums Trier. 1988. 103 S. ISBN 978-3-923319-08-4. *€ 5,00.*

2 Alfred Haffner, Gräber - Spiegel des Lebens. Zum Totenbrauchtum der Kelten und Römer am Beispiel des Treverer-Gräberfeldes Wederath-Belginum. 1990. 447 S. ISBN 978-3-923319-90-9. *Vergriffen.*

2A Christel Bernard, 800 Jahre keltisch-römische Kultur. Zum Totenbrauchtum der Kelten und Römer am Beispiel des Treverer-Gräberfeldes Wederath-Belginum. 1990. 20 S. ISBN 978-3-923319-15-2. *Vergriffen.*

3 Peter Seewaldt, Rheinisches Steinzeug. Bestandskatalog des Rheinischen Landesmuseums Trier. 1990. 168 S. ISBN 978-3-923319-12-1. *Vergriffen.*

4 Wilhelm Jordan, Das Apostelgrab, der sakrale Grundstein der Vatikanischen Basilika. 1990. VII, 116 S. ISBN 978-3-923319-14-5. *Vergriffen.*

5 Lothar Schwinden, Das Rheinische Landesmuseum Trier. Einführung in die Sammlungen. 1991. 39 S. ISBN 978-3-923319-16-9. *Vergriffen.*

6 Eberhard Zahn, Die Basilika in Trier. Römisches Palatium - Kirche zum Erlöser. 1991 (Nachdruck 2003). 85 S. ISBN 978-3-923319-18-3. *€ 3,00.*

7 Hundert Meisterwerke keltischer Kunst. Schmuck und Kunsthandwerk zwischen Rhein und Mosel. Bearb. von Rosemarie Cordie-Hackenberg u. a. 1992. 213 S. ISBN 978-3-923319-20-6. *Vergriffen.*

8 Peter Seewaldt, Glas des 17. bis 19. Jahrhunderts. Bestandskatalog des Rheinischen Landesmuseums Trier. 1995. 213 S. ISBN 978-3-923319-29-9. *€ 16,00.*

9 Martin Frey / Karl-Josef Gilles / Marcus Thiel, Das römische Bitburg. Führer zu den archäologischen Denkmälern des antiken Beda. 1995. 73 S. + 2 Beil. ISBN 978-3-923319-30-5. *€ 3,00.*

10 Antje Krug, Römische Gemmen im Rheinischen Landesmuseum Trier. 1995. 72 S., 30 Taf. ISBN 978-3-923319-32-9. *€ 10,00.*

11 Karl-Josef Gilles, Neuere Forschungen zum römischen Weinbau an Mosel und Rhein. 1995. 108 S. ISBN 978-3-923319-33-6. *Vergriffen.*

12 Religio romana. Wege zu den Göttern im antiken Trier. Hrsg. von Hans-Peter Kuhnen. 1996. 288 S. ISBN 978-3-923319-34-3. *€ 20,00.*

13 Karl-Josef Gilles, Das Münzkabinett im Rheinischen Landesmuseum Trier. Ein Überblick zur trierischen Münzgeschichte. 1996. 70 S. ISBN 978-3-923319-36-7. *€ 6,00.*

14 Karin Goethert, Römische Lampen und Leuchter. Auswahlkatalog des Rheinischen Landesmuseums Trier. 1997. 217 S. ISBN 978-3-923319-38-1. *€ 18,00.*

15 Archäologie zwischen Hunsrück und Eifel. Führer zu den Ausgrabungsstätten des Rheinischen Landesmuseums Trier. Hrsg. von Hans-Peter Kuhnen. 1999. 93 S. ISBN 978-3-923319-43-5. *Vergriffen.*

16 Peter Hoffmann, Römische Mosaike im Rheinischen Landesmuseum Trier. Führer zur Dauerausstellung. 1999. 93 S. ISBN 978-3-923319-44-2. *€ 16,00.*

17 Morituri. Menschenopfer, Todgeweihte, Strafgerichte. Hrsg. von Hans-Peter Kuhnen. 2000. 219 S. ISBN 978-3-923319-45-9. *Vergriffen.*

18 Stefan F. Pfahl, Römisches Spielzeug im Rheinischen Landesmuseum Trier. 2000. 37 S. ISBN 978-3-923319-46-6. *€ 3,50.*

19 Das Grabdenkmal des Christoph von Rheineck. Ein Trierer Monument der Frührenaissance im Zentrum memorialer Stiftungspolitik. Hrsg. von Peter Seewaldt. 2000. 322 S. ISBN 978-3-923319-47-3. *€ 19,00.*

20 Das römische Trier. Hrsg. von Hans-Peter Kuhnen. Führer zu archäologischen Denkmälern in Deutschland 40. 2001. 253 S. ISBN 978-3-8062-1517-5. *€ 20,00.*

21 Abgetaucht, aufgetaucht. Flußfundstücke. Aus der Geschichte. Mit ihrer Geschichte. Hrsg. von Hans-Peter Kuhnen. 2001. 202 S. ISBN 978-3-923319-48-0. *€ 18,00.*

22 Vorstudien zum archäologischen Stadtkataster Trier. Hrsg. von Hans-Peter Kuhnen. *Vergriffen.*

[1.] 2001. 73 S.
2. Fundstellenindex zu den Skizzenbüchern. 2001. 75 S.
3. Verzeichnis der Befundpläne. 2001. 171 S.
4. Forma urbis Trevericae. Texte zur Sonderausstellung. 2002. 31 S.

23 Archäologischer Stadtplan Trier. 2002. 1 Faltplan. ISBN 978-3-923319-50-3. *Vergriffen.*

24 Propaganda, Macht, Geschichte. Archäologie an Rhein und Mosel im Dienst des Nationalsozialismus. Hrsg. von Hans-Peter Kuhnen. 2002. 307 S. ISBN 978-3-923319-51-0. *€ 19,00.*

25 Karin Goethert, Kaiser, Prinzen, prominente Bürger. Römische Bildniskunst des 1. und 2. Jahrhunderts n. Chr. im Rheinischen Landesmuseum Trier. 2002. 116 S. ISBN 978-3-923319-52-7. *€ 14,00.*

26 Martina Minas-Nerpel / Günther Sigmund, Eine Ägypterin in Trier. Die ägyptische Mumie und der Sarg im Rheinischen Landesmuseum Trier. Ägyptologische und medizinische Untersuchungen. Mit einem Beitrag zur Überlieferungsgeschichte von Jürgen Merten. 2003. 63 S. ISBN 978-3-923319-53-4. *€ 8,00.*

27 Palatia: Kaiserpaläste in Konstantinopel, Ravenna und Trier. Hrsg. von Margarethe König. 2003. 177 S. ISBN 978-3-923319-56-5. *Vergriffen.*

28 Iris Hofmann-Kastner / Peter Seewaldt, Das Erbe der Heimat - Trier und die Mosel in Ansichten von Auguste Migette (1802-1884). 2003. 78 S. ISBN 978-3-923319-57-2. *€ 10,00.*

29 Mechthild Neyses-Eiden, Holz erzählt Geschichte. Dendrochronologische Forschungen zwischen Mosel und Hunsrück. 2005. 34 S. ISBN 978-3-923319-60-2. *€ 3,50.*

30 Konrad Schneider, Die Petermännchen. Kurtriers Landesscheidemünzen im 17. und 18. Jahrhundert. 2005. 87 S. ISBN 978-3-923319-61-9. *€ 12,00.*

31 Rettet das archäologische Erbe in Trier. Zweite Denkschrift der Archäologischen Trier-Kommission. 2005. 155 S. + 2 Karten. ISBN 978-3-923319-62-6. *€ 18,00.*

32 Konstantin der Große. Geschichte - Archäologie - Rezeption. Internationales Kolloquium vom 10.-15. Oktober 2005 an der Universität Trier zur Landesausstellung Rheinland-Pfalz 2007 „Konstantin der Große". Hrsg. im Auftrag der Konstantin-Ausstellungsgesellschaft von Alexander Demandt / Josef Engemann. 2006. 299 S. ISBN 978-3-923319-67-1. *€ 48,00.*

33 Belginum. 50 Jahre Ausgrabungen und Forschungen. Hrsg. von Rosemarie Cordie. 2007. X, 392 S. ISBN 978-3-923319-68-8. *€ 39,90.*

34 Liselotte Pies, Marcus in Treveris. Ein Junge erlebt das römische Trier, die Stadt Kaiser Konstantins des Großen. Erweiterte Neubearbeitung. 2007. 199 S. ISBN 978-3-923319-70-1. *€ 16,00.*

35 Führer zu archäologischen Denkmälern des Trierer Landes. 2008. 205 S. ISBN 978-3-923319-73-2. *€ 9,80.*

36 Fundstücke. Von der Urgeschichte bis zur Neuzeit. [Bildband zur Ausstellung des Rheinischen Landesmuseums Trier]. 2009. 225 S. ISBN 978-3-923319-76-3. *€ 14,80.*

37 Armut in der Antike. Perspektiven in Kunst und Gesellschaft. Hrsg. von Stephan Seiler. 2011. 103 S. ISBN 978-3-923319-79-4. *€ 9,80.*